DESCUBRIENDO MI GRANDEZA EN LA SENCILLEZ DE LA VIDA

DESCUBRIENDO MI GRANDEZA EN LA SENCILLEZ DE LA VIDA

MIRIAM LILIANA GIRÓN L.

Para pedidos de copias adicionales de este libro, por favor contacte con:
Palibrio
1663 Liberty Drive
Suite 200
Bloomington, IN 47403
Llamadas desde los EE.UU. 877.407.5847
Llamadas internacionales +1.812.671.9757
Fax: +1.812.355.1576
ventas@palibrio.com
428195

ÍNDICE

DEDICATORIA

A Adela María Bermúdez Girón, mi adorable sobrina y ahijada, con profundo cariño, respeto y admiración, para que cada día su existencia se vuelva más interesante y enriquezca este universo con su presencia.

"No podemos triunfar en esta vida a menos de que tratemos. Si fallamos no perdemos nada... cuando tratamos, creamos oportunidades algunas positivas algunas negativas. Lo que importa al final, es usar nuestras experiencias para iluminar el futuro de esos que nos respetan y admiran."

Marcos A. González
Asesor Editorial-Palibrio

1

ABRIÉNDOME A MI EXISTENCIA

Hoy es un día increíble: tomé la decisión de abrirme a mis vivencias y compartir todo aquello que me ha permitido ser lo que soy y me permitirá llegar a ser lo que me proponga.

Cuando venimos a este universo, nacemos lindos de mente, corazón y cuerpo, pero conforme pasa el tiempo, se va dando nuestro desarrollo y, simultáneamente, nos involucramos con todo lo que aprendemos del entorno, las creencias, los temores, el miedo, las inseguridades… En fin, un enriquecimiento variado en todos los aspectos.

Yo era muy tímida, y eso no me permitía disfrutar de una gran cantidad de momentos, pero leí muchísimo al respecto, hasta que llegué a dominar las circunstancias, y no ellas a mí.

Además, era muy alta desde pequeña, por lo que tenía que bajarme un poco para relacionarme con los demás niños. Me decían *jirafita*. Cuando conocí a las jirafas, fue maravilloso darme cuenta de la elegancia, el porte y la presencia de estos animales. Desde entonces, muy pocas veces bajo mi mirada. Me siento muy orgullosa de ser como soy.

Cuando empecé a estudiar en la universidad, experimenté una inmensa alegría. Decía que cuando me graduara, haría esto y lo otro, eran tantos mis sueños… Sin embargo, al llegar el momento de la graduación a veces no se tiene ni para los gastos de la misma: la impresión de la tesis, las invitaciones, la fiesta, etc. Creemos que el mundo está en nuestras manos, pero si nuestros padres no nos ayudan a cubrir los gastos o no hemos trabajado siendo estudiantes, no podremos cubrir esas necesidades.

Es muy importante cambiar nuestra mentalidad y ahorrar poco a poco desde el inicio; así, al llegar ese momento, tendremos para muchísimo más.

No soy joven, pero tampoco adulta mayor. Estoy en una etapa en la que disfruto de la belleza que enriquece mi existencia y todavía estoy abierta a brindarme la oportunidad de una realización personal en muchísimos aspectos.

Gracias, Padre celestial, por enseñarme a amar la vida y trascender más allá de la injusticia, la inseguridad, la falta de amor y la negatividad: transformando mi caminar con tu presencia en mi ser; haciendo la diferencia en el cambio; explorando, proyectando y compartiendo mis dones, talentos y virtudes, que poseo para mí y para los demás; superando, con fe, perseverancia y disciplina, mis defectos y caídas; dando en todo momento lo mejor de mí.

Quiero ser parte de este universo. Independientemente del gobierno que esté en funciones y de la edad, la profesión, el estatus social, las vivencias, las oportunidades, las caídas, los éxitos, el sexo, la ocupación y las relaciones personales, laborales y financieras, me descubriré a mí misma, conquistaré y me deleitaré en la sencillez de los pequeños momentos. Y no tendré miedo al cambio, porque sé que cada paso me acercará más a mis logros.

El arma secreta más poderosa para enriquecer mi existencia y la de los demás es dejarme llevar por los dictados del corazón, permitiendo hacer la diferencia en los pequeños detalles de mi diario vivir.

2

MINUTOS MÁGICOS

Mientras me desempañaba en el cargo de Supervisora Química Bióloga de las áreas de Química y Toma de muestras del Hospital General de Accidentes, se me ocurrió una manera de hacer cosas para confortar a los demás. Para mí, es muy importante la calidad de atención.

En el área de Toma de muestras, durante la mañana, había minutos en los que se podían realizar pequeñas actividades que incentivaran el ritmo laboral. Se lo comuniqué a mi jefe y acepté realizar lo que me pidiera, según las necesidades.

3

CARTA SORPRESA

Escribí los nombres de todo el personal del turno de la mañana en diferentes papeles y los coloqué en una bolsa. Llamé a los dos técnicos responsables de esa área, les expliqué cómo sería la actividad y le solicité a cada uno que extrajera un papel con un nombre. Debían escribir una carta a ambas personas, señalando el lado positivo de su trabajo.

Mi sorpresa fue que los nombres extraídos correspondían a los de las dos señoras de servicios varios. Juntos, fuimos a buscarlas a donde se encontraban. Se les entregaron las cartas y, en ese mismo momento, las leyeron. Les pedimos que nos acompañaran a la jefatura para compartir la vivencia. Era evidente la alegría que expresaban en su mirada: nunca se les había hecho sentir lo valioso de su trabajo.

4

DÍA DEL TÉCNICO

Nació en mí el deseo de hacer algo diferente. Llamé a mi jefe a su casa, a las siete de la noche del día 18 de mayo. Le pedí que me autorizara para que, al día siguiente, antes de iniciar la actividad laboral, en la sala de espera nos reuniéramos todo el personal con la totalidad de los pacientes que serían atendidos durante la jornada, para conmemorar el Día del técnico. Inicié la reunión con tanto gusto, valorando el trabajo que realizaba el personal técnico diariamente y lo especial que era para todos, que no me salió la voz. Mi jefe continuó apoyando la actividad y la cerró con un aplauso para ellos.

5

APORTACIÓN AL CRECIMIENTO LABORAL

La Doctora Química Bióloga, Supervisora del área de Hematología y Subjefe del Laboratorio clínico, en una actividad científica vio que había un aparato llamado «transiluminador». Este dispositivo es especial para detectar aquellas venas que no se ven ni se sienten, y están muy profundas, por lo que dificultan la toma de muestras sanguíneas. Llegó, compartió su hallazgo con el jefe e hizo el trámite para que fuera comprado. En una institución de esta naturaleza, el trámite es largo, pero lo logró, y yo tuve la dicha de ser quien lo utilizara con el personal.

A causa de esto, le hicimos un reconocimiento a la doctora por haber tenido la iniciativa de hacer un aporte en un área diferente a la suya, mejorando la calidad de atención a los pacientes.

6

RECONOCIENDO LA IMPORTANCIA DE MANTENERSE DE PIE A TRAVÉS DEL TIEMPO, CON LUZ PROPIA

Una vecina, Ilonka Kuba, que vivía frente a nuestra casa, llegó al Hospital General de Accidentes a realizarse los exámenes de glucosa pre y post prandial. Como tenía que esperar dos horas después de desayunar, estructuramos su historia de vida.

Era una mujer mayor de ochenta años. Tuvo cinco hijos. Maestra de Educación musical; tocaba piano, violín y acordeón. Fue la primera mujer que formó parte en la Orquesta Sinfónica Nacional. Fascinaba con una voz preciosa; era muy alegre y dinámica, contaba chistes, bordaba, tejía, practicaba taichi. Era interminable la tarea de describir todas las virtudes que poseía.

Fue representante de su grupo de taichi en el concurso de Miss Simpatía y llegó a ser la ganadora entre todas las participantes del Programa del Adulto Mayor. Ese día, en lugar de irse a su casa, pasó por la nuestra. La recibió mamá, que nos mandó llamar a todos avisando que había llegado la reina, con su vestido largo, banda y corona. Abrimos una botella de vino y cenamos celebrando su gran éxito. Se veía muy linda.

Pintaba en madera. Su arte era único. Todos sus dibujos eran diferentes y se vendían muy bien. Además, participó en un concurso patrocinado por una empresa farmacéutica.

Presentó allí uno de sus cuadros, y obtuvo el segundo lugar.

Compartimos todo esto con el personal, haciendo énfasis en que no importa la edad para brillar y hacer el bien.

Totalmente independiente, hasta sus últimos días pintó con delicadeza, arte y originalidad en madera. En agosto de 2012 fue el inicio de su viaje a la eternidad.

7

EL ÉXITO PUEDE LLEGAR A SER PERMANENTE SI NOS LO PROPONEMOS

Un día, mi jefe, la doctora Aída Cifuentes, tenía una actividad en el colegio de su hija Christa. Cuando regresó, traía consigo seis medallas que Christa había obtenido por diferentes participaciones. Era un gozo enorme, de grandes satisfacciones, y le pedí que me permitiera hacer el minuto mágico sobre su vivencia. Fue muy enriquecedor.

Cómo se puede convertir cada paso en un verdadero éxito si las cosas se hacen con entrega y dedicación…

8

MI AUSENCIA

Otro día, en el que acompañé a mi jefe a una unidad del Instituto Guatemalteco de Seguridad Social (IGSS), conversamos sobre sus primeros años como mamá. Conozco a Angelito, su primer hijo, desde que tenía dos días de vida; hoy es todo un joven que estudia en Taiwán. Sin embargo, a Christa, su segunda hija, no la conozco en profundidad.

Durante una temporada no nos comunicamos a causa del trabajo, las actividades, las responsabilidades; en fin, percibí una gran distancia entre las dos y, como Christa estaba por cumplir quince años en unos meses, decidí entregarle quince regalitos, uno por cada año: una Biblia, un rosario, etc. Fue muy especial compartir esto con ella.

9

VIAJE A TAIWÁN

Cierta vez, viene nuestra jefa y nos cuenta que su hijo Angelito había ganado una beca para estudiar sus dos carreras en Taiwán.

El joven observaba cada día sentimientos encontrados: una gran felicidad y, a por momentos, tristeza, pues serían cuatro años los que estaría lejos. Conversé con él y le pedí que me escribiera unos mensajes. Luego los fui a buscar y los guardé.

La mamá de uno de los técnicos podía ayudarnos, por su trabajo, a que el día del viaje Aída estuviera lo más cerca posible de su hijo en el aeropuerto.

Cuando queremos hacer las cosas bien, salen exactamente como las planeamos. Encargué un arreglo floral e incluí un mensaje para que Aída lo encontrara cuando regresara a su casa.

Además, durante doce días laborales, cuando llegaba mi jefe a trabajar, yo la saludaba y le entregaba un nuevo mensaje escrito por su hijo.

10

CON EL TIEMPO

Las vueltas de la vida con mi jefe son tantas… Nos conocimos siendo estudiantes de la carrera de Química Biológica, compartimos innumerables experiencias, reímos, lloramos, estudiamos, ella fue candidata a Reina de la Facultad de Ciencias Químicas y Farmacia, yo la apoyé siempre.

Mi mamá cocina exquisito, así que cuando había alguna actividad y me tocaba llevar algún plato de comida, a todos les gustaba mucho.

Cierta vez, mientras estaban organizando la primera exposición de hongos en Guatemala, me preguntaron si podía hacer las boquitas para el coctel de bienvenida. En principio, no acepté, pues mamá vivía en Malacatán con mi papá y mis hermanos, mientras que mi hermana y yo estábamos viviendo en la ciudad porque estudiábamos en la universidad.

A la tercera vez que me lo pidieron, yo estaba con Aída. Ella me dijo que me ayudaría, y así fue que aceptamos.

Toda la vida había disfrutado comiendo cosas hechas por mamá en casa y en reuniones, pero yo no sabía hacerlas. Llamé a mi mamá, y me orientó. Además, fui con una de sus amigas, vecina nuestra, que me ayudó a seleccionar tres diferentes opciones de boquitas. A la vez, una compañera de estudios —que, como estaba casada e iba a menudo al supermercado, tenía más experiencia que nosotras— nos dio los precios aproximados de los ingredientes, y así decidimos cuánto cobraríamos por todo.

Entregamos las diferentes opciones el martes, y el jueves a las cinco de la tarde nos dieron la respuesta: aceptaron lo que presentamos y nos pagaron con un cheque. Al día siguiente, a la misma hora, debíamos entregar las boquitas.

Entonces, nos encontramos con mi hermano Rodolfo, que nos llevo al banco para cambiar el cheque y al supermercado para comprar todo. Por cierto, no nos alcanzó, por lo cual tuvimos que poner de nuestro dinero. Luego, cenamos y trabajamos toda la noche. Fue una gran aventura: hicimos aproximadamente mil boquitas.

Al día siguiente, nos comunicamos con el Director de la Escuela de Química Biológica, que nos dijo que se acercaría de inmediato para retirar los tres azafates.

La mesa de la casa se veía preciosa con todas las boquitas colocadas en los grandes azafates de mamá… El éxito fue de las canastitas de pollo horneadas.

Además, tuvimos que repartir las boquitas en la reunión. Cuando recogimos los azafates, faltaba uno. Le dije a mi amiga que mi mamá me iba a regañar, que teníamos que encontrarlo. Finalmente, después de hallarlo, nos fuimos con todo completo. Llegamos a nuestras casas cansadas y desveladas.

Al año siguiente, nos hicieron la misma propuesta, pero no aceptamos.

11

COMUNICACIÓN CELESTIAL

Cuando estoy con un paciente, siempre le pido a la virgen María que se manifieste en mi ser. Siento que esto ocurre cuando observo la sonrisa que muestran y la forma en que me miran y me hablan.

Había un lugar donde los pacientes dejaban por escrito sus sugerencias o sus observaciones sobre la calidad de atención. Diariamente yo las revisaba y se las entregaba a Aída. Luego, las colocábamos en un área. Así podíamos compartirlas y tenerlas en cuenta para hacer las mejoras solicitadas.

Hay dos mensajes que guardé especialmente, pues me hacen agradecer a mi madre celestial por ayudarme a brindar una calidad de atención de excelencia. Los copio a continuación.

> Atención, comodidad, eficiencia, trato muy humano. Todos son lo máximo. Es lo mejor en su especialidad en el IGSS. La Doctora, excelente, mil puntos de cien.
>
> Rolando Alecio
>
> CAMIP

Mis felicitaciones y agradecimiento a la Química Miriam Girón, quien amablemente prestó atención a nuestra inconformidad en cuanto a que trabajadores de la institución no respetaran la cola del laboratorio, para ser más específicos, faltaron el respeto a los pacientes una enfermera y un médico. ¡Qué bochornoso que profesionales no respeten los turnos!

Sugiero que atiendan a los empleados como a todos, ya que tenemos los mismos derechos. Personas como la señora Miriam Girón necesita la institución.

Norma Elizabeth Sánchez

Agradezco a los pacientes que tienen la valentía de manifestar sus necesidades y satisfacciones, porque solo así podemos mejorar día a día la calidad de atención.

Un día, me llamó la doctora Cifuentes para decirme que sabía que tenía las tardes libres y preguntarme si quería apoyarla, pues necesitaba una profesional que cubriera vacaciones durante un mes. Así, tuve dos años de gran enseñanza profesional y enriquecimiento personal.

Es admirable el nivel de exigencia y excelencia que posee el IGSS. Siento que los que trabajamos allí tenemos la oportunidad de brindar todo, esa capacidad propia que poseemos cada uno de los seres humanos para realizar nuestra actividad dando lo mejor. Hoy son ellos, mañana seremos nosotros los que recibiremos lo que hemos dado.

12

HACIENDO LA DIFERENCIA

Durante un tiempo, trabajé en el Hospital General San Juan de Dios, en el Centro de Investigación en Salud Reproductiva y Familiar, realizando una investigación sobre antibióticos. Allí, visitaba diariamente varios servicios, seleccionaba pacientes para el estudio y les daba seguimiento hasta su egreso.

A Pediatría, en la sección de Oncología, venían jóvenes los sábados a la mañana para distraer a los pacientes. Llegaban disfrazados de payasos, con piñatas. También tocaban la guitarra y hacían cantar a los niños.

Como de costumbre, un día pase por este servicio. En el lugar encontré a un niño que lloraba porque no lo habían dejado salir debido a su estado de salud, que era muy delicado. El niño nunca me miraba a los ojos. Me dijo el papá que el payaso no había ido a visitarlo. Converse con él unos minutos, y me retiré.

Fui a buscar al payaso, que ya se había cambiado, y le conté lo que sucedía. Me respondió que no me preocupara, que unos minutos después estaría con el niño. Finalmente, el payaso lo fue a ver. Los dejé juntos y continué con mi trabajo.

El lunes siguiente, el niño me recibió muy contento, me miró a los ojos y me dijo que habían quedado amigos con el payaso y que en quince días lo volvería a visitar.

A los ocho días lo vi nuevamente. Lo saludé, tomándole su mano, y él me sonrió. En ese momento fue su partida.

13

QUINCEAÑERA

En el servicio de Ginecología, durante un estudio, me di cuenta de que una paciente al día siguiente cumpliría quince años.

Quería ser yo la primera en felicitarla, así que me levanté temprano, le pedí a mamá la rosa que había en el jardín y me fui. Llegué al hospital, me fui al servicio, la saludé, le entregué la rosa, la felicité y continué con mi actividad laboral.

Pasados unos días, llegó su egreso. Cuando la saludé, me dijo que lo único que se llevaba era la rosa, que nadie se había dado cuenta de que había cumplido sus quince años.

14

RECONOCIENDO SIEMPRE LO POSITIVO EN TODO

Siempre le enseño al personal que todo lo positivo hay que hacerlo saber.

Un día vi que las técnicas estaban muy lindas: había algo especial en ellas, y se los dije. Ellas respondieron que yo siempre me vería mejor que ellas. Solamente les expresé las gracias, pero estaba incómoda en mi interior.

Al día siguiente, encontré el momento y les comenté que sí, que ellas tenían toda la razón, que había una gran diferencia entre ellas y yo. Les pregunté si sabían cuál era, pero no respondieron. Entonces, les dije: «Es la edad. Ustedes son muy jóvenes, están empezando a vivir, a forjarse un futuro, mientras yo, por todo lo que he vivido, estudié, soy profesional, tengo mi carro, soy independiente, he viajado, me compro lo que deseo, me cuido, etc. Les digo: tengan presente mi experiencia y que les sirva para que cuando lleguen a mi edad, estén igual o mejor que yo en todos los aspectos».

15

LA INOCENCIA

Estuve seis meses en Joyabaj, Quiche, un pueblo sencillo, pero con personas muy cálidas, realizando la práctica de Ejercicio Profesional Supervisado de Química Farmacéutica, supervisando el área de medicamentos. Allí me comunicaba con el personal de las demás secciones del hospital. En el Laboratorio clínico estaba Toyita, una técnica muy agradable que poseía muchas cualidades.

Cierto día, había un desfile en el pueblo, y salí a apreciarlo. Me fui caminando para encontrar un punto desde donde poder verlo mejor, y así fue como pasé frente a la casa de Toyita.

En la puerta había un niño pequeño, que comenzó a llamar a su abuela.

—¡Abuelita, abuelita, abuelita, abuelita! ¡Ven, mira, hay una *Barbie* caminando en el pueblo! —exclamaba el niño.

El lunes llegó Toyita a saludarme a la farmacia:

—Licenciada —me dijo—, mi nieto de cinco años entró corriendo a llamarme para que la viera a usted.

16

CREER EN MÍ MISMA Y EL PODER DE LAS PALABRAS

Ahora hay muchas oportunidades para los jóvenes, en todos los aspectos. Durante mi juventud, el modelaje era muy mal visto, imposible hacerlo realidad.

En mi país, Guatemala, el señor Gaspar Pumarejo creó la primera escuela de modelaje. Su presentación fue televisada. Ese día estábamos en casa, y la vimos con mi hermana. Cada joven modelaba en la pasarela y, por último, se les entregaba su diploma. Mi hermana y yo empezamos a imitar lo que las modelos hacían, y ella me dijo que le gustaba mucho cómo me veía haciendo los pasos.

Por aquella época estudiábamos en el colegio de señoritas El Sagrado Corazón y, justamente, se acercaba la fecha de El Sagrado Corazón de Jesús. Entre las actividades que se preparaban, había un desfile de modas, por lo que pasaban por cada grado preguntando quién quería participar. Cuando hicieron la propuesta en el curso en el que estábamos mi hermana y yo, el cuarto grado de Magisterio, levanté la mano y acepté.

En ese tiempo se usaban los vestidos de fiesta largos: escogí uno muy lindo, acampanado, con escote y cuello de marinero, y practiqué en casa. Finalmente, llegó el día. Me peiné y me maquillé. El evento era en el gimnasio del colegio, donde estaban todos reunidos: alumnas, maestros, directoras.

Empezaron a anunciar nuestros nombres. Pasaron las primeras, y al fin me tocó a mí. Fue algo emocionante, todo un éxito. Yo me sentía muy bien, y les gustó a todos. Mi hermana, nerviosa, pensó que no lo haría, porque yo era muy tímida.

La directora, doña Hilda de Falla, a quien recuerdo con profundo cariño, me mandó llamar y me felicitó, y me sugirió que estudiara modelaje, pero opté por ser una profesional, por lo cual me siento muy agradecida con Dios y con la vida. Agradezco la confianza que deposita cada paciente en nuestro trabajo, me enorgullece el compromiso y la responsabilidad de brindarles una mejor calidad de vida y ayudar para que estén cada día mejor, orientando a los médicos para que obtengan un diagnóstico adecuado.

17

LA VAQUITA

Malacatán es un pueblo fronterizo, con clima cálido allí pasé mi infancia. Mi padre era médico; ejerció como director del Centro de Salud por muchos años y tenía su clínica. Gozamos de una casa muy amplia y hermosa. Mi madre: una mujer admirable, incansable, luchadora. También estaba Paquita, quien apoyó a mamá por más de treinta años en los quehaceres domésticos.

Con el paso del tiempo, crecimos, y llegaron momentos difíciles. Mi papá estaba muy delicado de salud y, consciente de lo que estaba pasando, le dijo a Paquita que se fuera a trabajar a la Ciudad de Guatemala con nosotros, pues se acercaba su partida. Ella aceptó y compartió todo con la familia. A los seis meses, a Paquita le diagnosticaron cáncer en la boca, y empezamos con toda dedicación y entrega a llevarla diariamente a su radioterapia.

A mi tía Toty, hermana de mamá, le gusta muchísimo viajar, y su capacidad para dar y compartir es interminable, por lo que decidió llevarse a mis sobrinos Julio Rodolfo, Adela María, Sara Elisa y Sofía Elisa —todos adolescentes— a un crucero por las islas del Caribe.

Yo estaba trabajando en la Policlínica del IGSS. Era diciembre, un mes muy cálido en sentimientos y unidad. El personal técnico, que organizaba el convivio navideño, decidió que se hiciera en una casa, en zona seis. Yo no conocía el sector donde se realizaba; era un viernes de mucho tráfico y, aunque estuve con el carro buscando cómo llegar, me fue imposible. Algo me decía que no fuera, y me dirigí a mi casa.

Cuando me acercaba, vi una ambulancia de Alerta Médica. Mamá había regresado de trabajar y había encontrado a Paquita muy mal. Las acompañé al hospital, donde estuvo interna varios días.

El domingo regresaron del viaje mi tía y mis sobrinos. Julio Rodolfo me trajo de recuerdo una vaquita de peluche pequeña y graciosita, que me encantó, por lo que decidí llevármela al trabajo.

Llegó el lunes, y pasé a saludar al personal del área de Toma de muestras. Allí encontré a una técnica y una paciente.

—Doctora, usted es millonaria —me dijo la técnica.

—¿Por qué me dice eso? —quise saber.

—No le gusta compartir con los pobres —dijo, y preguntó—: ¿Por qué no vino al convivio?

—Usted tiene toda la razón —le respondí—. Soy una mujer millonaria. ¿Sabe por qué? Porque veo lo lindo de la vida, escucho las necesidades de los demás, puedo caminar, correr, expresar lo que pienso y siento. ¿Sabe usted? —y entonces saqué mi vaquita—, también soy ganadera.

En ese momento, las tres nos reímos como niñas. Gracias a Dios, a partir de entonces mejoró nuestra comunicación laboral.

Paquita inició su partida hacia la eternidad un mes antes de que se cumpliera un año de la partida de papá.

Con esa vaquita me he divertido muchísimo. Mi sobrino no se imagina lo valioso que ha sido para mí su regalo.

18

UN HOMBRE PRESTADO

Recibí cierta vez una solicitud de amistad en mi correo electrónico. Me llamaron la atención las características personales del hombre que la solicitaba, por lo que la acepté. Con el tiempo, empezamos a compartir mensajes bonitos; luego, a conocernos. Así, llegamos a empezar a chatear.

Fue muy curioso, porque cuando estábamos en el punto de proponer que cada uno enviara una foto al otro, para mostrar nuestro aspecto físico, él empezó a hacer una descripción de mi persona que no se correspondía conmigo. Describió una foto —que evidentemente no era la mía— que había visto en la página Web a través de la cual me había contactado. Como resultado, le expliqué que esa persona no era yo ni mi apariencia era como él decía. De todas maneras, le envié mi foto. Después de eso, dejó de escribirme. Existe en estos tiempos, entre tantas situaciones difíciles que se dan en todo el mundo, tanta desconfianza…

Cuando nos volvimos a escribir, concluimos en que era Dios quien nos había dado la oportunidad de conocernos.

Me pareció muy buena persona y muy sincero. Era casado, tenía dos hijos ya con su vida realizada y nietos. Su matrimonio era pura apariencia, pues llevaba quince años sin tener relación íntima con su esposa, que había tratado de divorciarse dos veces, pero sus hijos se negaban y estaban sufriendo, por eso él no la dejaría.

Tratándose de una amistad, no había ningún problema. Con el tiempo, se fue generando una relación muy interesante y especial, tanto que decidimos conocernos personalmente. Todo muy bien; fueron muy pocas veces las que nos vimos. Llegó a darse una gran química entre los dos; era algo muy hermoso. Pronto empecé a hacer un análisis de la situación y a tomar consciencia de que no importa la edad para amar y realizarse en los diferentes aspectos de la vida.

Ya que nunca había estado con un hombre prestado, tenía un camino establecido. Los dos habíamos nacido en familias con varios hermanos. Nuestros padres nos habían dado todo lo mejor dentro de sus posibilidades. Teníamos la misma religión y filosofías compartidas. Éramos profesionales, habíamos trabajado en instituciones públicas y privadas, éramos empresarios, habíamos viajado, físicamente éramos altos, teníamos presencia. En fin, un sinnúmero de similitudes.

Dicen que cuando una mujer está con un hombre prestado, muchas veces es por dinero, pero yo no tenía necesidad de eso. Lo considero un hombre muy valioso, como persona, como profesional...

Yo tuve el regalo de Dios de tener una vida en familia ejemplar, con excelentes valores morales, espirituales, financieros, etcétera, y no, no, no podía desviar mi camino.

Hay decisiones que nadie puede tomar por uno. Hay cosas que debe decidir uno mismo, y yo soy merecedora de tener a mi lado a un hombre libre, en todos los aspectos. Creo en el matrimonio: fue establecido por Dios, y él hace todo perfecto; somos nosotros, por nuestra naturaleza humana y porque nos guiamos por los impulsos del momento, quienes muchas veces no buscamos las mejores vías para ser orientados y llevados a soluciones que conduzcan al bienestar común.

Desde el momento en el que llegó a mi vida, mis pensamientos, sentimientos y acciones hacia él, su esposa e hijos son puros y sanos. Me considero una luz en su vida. Cada vez que lo recuerdo, le envío bendiciones para que continúe valorando y apreciando la dicha de poseer su propia familia.

Las dos grandes modelos de mujer que guían mi vida son mi madre física, un verdadero ejemplo de fe, fidelidad, entrega, dedicación y valores, y la virgen María, una mujer excepcional.

Todas las noches me comunico con ella a través de esta plegaria:

> Madre celestial, cuida a mi alma gemela. Intercede por los dos para que podamos lograr nuestra realización como pareja. Que sea todo lo mejor. Prepárame para ser la mujer que él necesita, y que así un día podamos llegar juntos al reino de los cielos. Amén.

Es una plegaria muy bella. La rezo todos los días, porque si dentro del plan de Dios está que llegue mi alma gemela, nuestra existencia se enriquecerá hasta la eternidad.

19

EL JABÓN Y LA JABONERA

Hace aproximadamente dos años, Christa me trajo de Taiwán una jabonera. Como sabe que me gustan las jirafas, venía decorada con estos animales.

Me inspira observarlas: su presencia, sus grandes pasos, su elegancia. Me hace sentir muy cerca de Dios y ver con más claridad lo que sucede a mi alrededor el hecho de ser alta. Me produce un gran orgullo. Ahora comprendo por qué al caminar siempre miro más hacia arriba que hacia abajo. Me deleito con la belleza del cielo, con los diferentes aspectos que le dan las nubes, las estrellas y el sol.

La mujer maravillosa de quien he aprendido todo lo mejor que me han enseñado en mi existencia es mi adorable madre, llamada Lidia. Ella es empresaria, tiene 77 años y disfruta día a día de su negocio, una cafetería, en la cual conoce los gustos y necesidades de los clientes.

Entre ellos, hay una señora para la cual mi mamá cocina: le prepara el menú para las reuniones con sus impulsadoras de productos cosméticos. Al finalizar una de estas reuniones, la mujer que había impartido la conferencia le regaló a mamá un jabón facial. Por la noche, ella vino y me lo dio para que yo lo usara.

Leí las instrucciones y lo coloqué en la jabonera de jirafitas. Hace más de un año que lo utilizo con constancia, y me llama la atención que dure tanto: solo he usado un cuarto de su volumen.

Ya no recuerdo ni la marca, pero llamé a Aída y le pedí que le dijera a Christa que todos los días la recordaba a ella y a mi mamá, ya que —a través de estos obsequios— están presentes en el inicio y en el final de cada día. Al lavarme el rostro, me digo: «Miriam Liliana, hoy es un día espectacular. Prepárate para todo lo hermoso que Dios tiene para ti». Y al guardar el jabón en la jabonera, pienso que poseo todas las herramientas para hacer de este día el mejor de todos.

Adelante, adelante, adelante.

Y, en la noche, siento un profundo agradecimiento hacia Dios por todo lo que realicé, recibí y compartí.

El jabón, que no se consume con rapidez, me enseña la importancia de hacer las cosas bien: cumple su función como debe de ser, persevera. Así, siempre, siempre, siempre, abundan las finanzas. En más de año, no he tenido que comprar otro.

Christa y mi mamá pensaron en mis gustos y necesidades, y contribuyeron para que me sintiera muy bien. Descubrí en mi interior toda la enseñanza que he obtenido de ellas utilizando sus regalos con frecuencia, valorando las pequeñas cosas que me da la vida, que me engrandecen para ser, cada día, una mejor mujer.

20

TOCANDO PUERTAS PARA CONQUISTAR TU CORAZÓN

Me siento con sentimientos encontrados. No sé qué pensar, hacer o decidir. La respuesta es un silencio profundo, interminable. No entiendo.

Mi caminar por la vida me ha hecho comprender que no hay nada fuera de tu creación. Todo fue realizado para el ser humano, todo tiene un resultado positivo o negativo.

Y, dependiendo de cómo tome cada cosa, así serán las decisiones, los éxitos o los fracasos que obtenga.

La vida sin tu presencia no tiene sentido, pero no sé cómo permanecer tomada de tu mano.

Mi naturaleza humana me hace cometer actos que son perjudiciales para mi existencia. No sé cómo comunicarme. Realizo acciones buenas; trato de dar lo mejor de mí.

Creo profundamente en el amor incondicional que me tienes, en tu presencia tan cercana, en tu sabiduría y en tu protección, pero mi libre albedrío me permite tomar decisiones que no son las mejores.

No soy perseverante en lo que debo realmente hacer. Empiezo con el pensamiento y luego sigo con mis sentimientos, para que mi accionar sea saludable. En algunos momentos creo que lo que hago está bien, pero los que me ven dicen que no.

A veces me siento como una extraña en la familia. Tengo pocas relaciones sociales, y estas no suelen llegar a ser íntimas o profundas. A pesar de que soy tranquila, despierto en las personas que están a mi alrededor sentimientos que me hacen daño, en especial durante la actividad laboral.

Nunca devuelvo el mal que me hacen: tú eres el único que tiene el poder para hacer que cada uno reciba lo que merece.

Enséñame a perdonarme a mí misma y a perdonar a los demás, y a encontrar lo bueno, aunque no sea de mi agrado.

Una de las más grandes bendiciones que he recibido es tener la amistad de Edy, siempre ayudándome, apoyándome, guiándome. He compartido con ella lo que hoy te escribo, y me ha dicho que a ti no se te conquista, que debo trabajar para llegar a ti. Ella está muy cerca de ti, es una persona muy linda espiritualmente.

Te abro las puertas de mi corazón, mi mente y todo mi ser. Enséñame a limpiar todo lo que no te gusta, ayúdame a encontrarte y a vivir permanentemente gozando de tu presencia.

21

RECUERDE

En estos momentos, en los que estoy por terminar de descubrir una pequeña parte de mi maravillosa existencia interior, mis alegrías, tristezas, conflictos, éxitos e innumerables satisfacciones, quiero entregarle mi memoria, para que la tenga presente. Que reciba lluvias torrenciales de bendiciones en todos los aspectos, Que siempre, siempre, siempre, y sin importar su edad, se dé el tiempo y los pequeños momentos para ir descubriendo más en profundidad su inmenso caudal interior, para desarrollarlo y compartirlo con este universo.

Gracias por formar parte de mi mundo.